Was steckt in diesem Buch?

Tage voller Mühe ohne die kleinste Pause!
Nächte ohne Schlaf!

Keine Zeit zum Waschen oder gar Baden!

Hastig geschmierte Butterbrote, die ohne Kauen hinuntergeschlungen werden. Dazu angebrannte Suppe zum Nachspülen!

Arbeit, Arbeit und nochmals Arbeit – bis die Kleider naß von Schweiß dampften!

Das Ergebnis dieser Mühen

DON MARTIN HAT PREMIERE

ISBN 38071 - 0051 - 2

Druck: Ebner, Ulm
Printed in Germany 1975

MAD's

DON MARTIN HAT PREMIERE

von DON MARTIN
mit Hilfe von Dick De Bartolo

Titel der amerikanischen Originalausgabe:
MADs Don Martin Comes On Strong
Deutsche Bearbeitung und Redaktion Hartmut Huff

INHALT

DER STERN
VON
BROOKLYN
Es ist März ... 1938 ... in dem vergammelten
Funke-Varieté beginnt die Vorstellung ...

Hallo, Leute! Auf dem Weg zum Theater ist mir was Spaßiges passiert ...
BUH! RAUS!
QUATSCH NICHT!
PFUUIII!
DU STINKST!
BUH!

He-he-he ... Wenn meine Witze so spaßig sind, werde ich Ihnen was **vortanzen**! ...
BUH! BUH!
SCHMEISST IHN RAUS!!

SHIP-TIPPIDY TIPPIDY-TAP, SHAPADA-PAPADA SHIPADA-SHAP!
BUH! PFUI!
ZIEH' ENDLICH LEINE!!!
JA! DU DRÖMMEL!

DINK
DINK
DINK
DINK

WOW! Endlich habe ich sie gepackt!!!
MENSCH! SEHT EUCH DAS AN!
DAS IST WAS ANDERES!!
FANTASTISCH!

Sie lieben mich! Ich muß besser sein, als ich mir je hab' träumen lassen!!!
KLASSE!
DAS TOLLSTE, WAS ICH JE SAH!!!
WIRKLICH GROSSARTIG!
WUNDERBAR!

SPÄTER HINTER DER BÜHNE
Mr. Spargelhalm, **ich verlange 50 Cent mehr pro Nacht!**
Doppelte Gage? Du bist **verrückt!** Aber wenn **die Spinne in der Show bleibt,** lege ich **25 Cent** zu!
Spinne?
Ja! Die **dressierte Spinne** ist wirklich **Klasse!!** Verschwinde jetzt – der ernste Teil der Show beginnt: „Die Pralle Paula und ihre pfeifende Peitsche."

So, **du** hast mir also da draußen geholfen! Ich weiß zwar nicht, wer du bist und woher du kommst, aber wir sollten uns zusammentun. Wir sind **fantastisch!!** Ich sehe es schon jetzt!! Wir werden in allen **berühmten Häusern** auftreten!!!

... und nun, meine Damen und Herren: Nach den unerhörten Erfolgen im weltberühmten Waldorf Astoria in Mini-Village, Utah ... freut sich der El Swanko Nachtclub, Ihnen **Larry Lore und Snyder Spider** präsentieren zu dürfen.
KLATSCH
KLATSCH
KLATSCH
KLATSCH
KLATSCH
KLATSCH
KLATSCH
KLATSCH
KLATSCH
KLATSCH
KLATSCH
KLATSCH
KLATSCH
KLATSCH

ICH HATT' EINEN KAMERADEN EINEN BESSERN FINDST DU NICHT ---
TIPPITY-TAPPITY...
TIPPITY-TAPPITY...

DIE TROMMEL SCHLUG ZUM STREITE
RAFA-TAT-TAT
HURRAH!
BRAVO!!
WIE GEFÜHLVOLL!
WELCH HERZ! WELCHE BEINE!

Wir haben's wieder geschafft, Snyder! Was für ein Team!! Sie lieben uns!!!
Blumen für Mr. Lore ... Fliegen für Mr. Snyder ...

Stellen Sie die Blumen in mein Zimmer und die Fliegen in Mr. Snyders Netz.
Sie waren fantastisch! Wunderbar! Bleiben Sie noch eine Woche, und ich zahle Ihnen das Zehnfache ihrer alten Gage!!!
Das Zehnfache, ja! Hmmm ... $ 9,50 sind ein tolles Angebot ...

Mr. Lore? Ich bin Busy Bezerkly, der bekannte Hollywood-Produzent.
Sie meinen, wir sollten nach Hollywood gehen?
Ja, gewiß – nur, Mr. Lore ... für sie **beide** ist kein Platz!
Tut mir leid, Mr. Bezerkly, aber wir **können die Nummer nicht kaputtmachen.** Das ist **ein heiliges Gelöbnis,** das Snyder und ich uns gaben. Ich kann nicht zulassen, daß Snyder ohne mich nach Hollywood geht!

Wer will Snyder Spider? Ich will **Sie**!!
Dann **vergessen** Sie bitte das blöde heilige Gelöbnis!
Wer will eine Spinne, die singt, tanzt, 2-3 Instrumente auf einmal spielt und die Herzen der Zuhörer so richtig mitreißt, wenn es einen verbrauchten, zweitklassigen Varietékünstler wie Sie gibt?
Ich habe mich niemals für so großartig gehalten. Wann fahren wir?
Möglichst bald!
Ich werde Snyder die schlechte Nachricht behutsam beibringen ...

He, Snyder ... ich muß dir was sagen. Ich gehe für eine Tasse Kaffee nach Hollywood, um ein paar Shows abzuziehen und berühmt zu werden. Dann komme ich **sofort zurück!** Du schaffst es doch alleine, oder?

Du bist ein dufter Kumpel, Snyder!

KLACK
SCHNÜFF SCHNÜFF
HERZELEID
SCHNÜFF
SCHLUCHZ

WOOOO WOOOOOWEEEEEEEEEEEE
TAKETAK
TAKETAK
HOLLIEWOOD
HOLLIEWOOD
TAKETAK
TAKETAK
HOLLIEWOOD
HOLLIEWOOD

Kopf hoch, Larry, bald wirst du Snyder nicht mehr so vermissen.
Wen?

NÄCHSTE STATION ... HOLLYWOOD

HOLLIEWOOD HOLLIEWOOD
GLÄNZENDES STRAHLENDES HOLLIEWOOD
DIE WUCHT DER LOKOMOTIVKRÄFTE
BRINGT DICH IN DIE STADT DER FILMGESCHÄFTE
DIE STADT DER STARS + TRÄUME + DES SILBERNEN MONDSCHEIN
MACH DEIN GLÜCK IN
HOLL-LIE-WOOD

Lieber Himmel, – wird Hollywood immer so angekündigt?
Nein, **manchmal** machen sie was **Besonderes.**
HOLLYWOOD
Mr. Bezerkly? Ihr Autogramm bitte!
Verlangen Sie **sein Autogramm!! LARRY LORE!!** Er wird **ein Superstar aus dem Nichts!!**

Lesen Sie!!! ... Larry Lore wird SUPERSTAR aus dem Nichts!!!

Na, Larry? Drei Filmhits hintereinander! Die Luxusvilla! Swimmingpool! Frauen! Diener! Hast du dir je träumen lassen, daß es so schnell ginge? ? ?
Niemals! Wie wird es in meiner **zweiten Woche** in Hollywood aussehen?

Bevor wir darüber reden, nimmst du erst mal deinen wohlverdienten Urlaub.
Schon richtig ... oder besser: ich **miete** jemanden, **der meinen wohlverdienten Urlaub nimmt!**
Inzwischen, irgendwo in der Provinz ...
Und nun, meine Damen und Herren, **Snyder the Spider!!!**

BUHH!!
PFUIII!!
BUH! RAUS!
ER KANN NICHT MAL MIT SICH SCHRITT HALTEN!!
THEA TAUSENDFUSS WIEDER AUF DIE BÜHNE!!

Was soll's ... ohne Larry bin ich schlecht! Was ist schon eine vielseitig talentierte Spinne ohne einen zweitklassigen, heruntergekommenen Varietékünstler?

APRIL
1 2 3 4 5 6
7 8 9
14
AUGUST
DEZEMBER
1 2
HAAR-WASSER
LACK
PETROLEUM
BRENN-SPIRITUS

MÄRZ
He, Kumpel! Weißt du was? Genau heute vor einem Jahr kam ich in die Slums!!
AMT FÜR MÜLLABFUHR

Meinen Glückwunsch!
PLATSCH

WÄHLT
Es ist aus ... ich mache Schluß!

Inzwischen, im Haus des neuen Superstars, Larry Lore ...
Mr. Lore, das Studio! Sie haben nach Titeln für die nächsten 3 Film-Hits gesucht und möchten wissen, ob sie die 231, 232 und 233 nennen können.
Na, klar! Die Buchstaben des Alphabets haben wir ja schon durch.
... und nun unsere Sendung „Von Mensch zu Mensch". In New York City kletterte heute eine lebensmüde Spinne, die vielen noch als Showstar in Erinnerung ist, auf die Brooklyn Brücke. Die Polizei versucht, sie vom Springen abzuhalten.
Was für ein Zufall!! Ich kannte eine Spinne in New York, die Showstar war. Bin gespannt auf den Namen.

Der Showstar ist: Snyder Spider!
PLING PLING
Snyder Spider?!? Oh, Gott!!! Mein alter Partner!!!
DONG DONG
Hardwicke, schnell!!! Ein Taxi!! Ich muß zum Flughafen!!
Aber Sir! ... Sie können nicht einfach weg ... Sie müssen vier Filme machen und übermorgen nochmal fünf!
Egal, ich muß Snyder retten!!

WUMM
WUMM
WUMM
WUMM
NEW YORK
NEW YORK
NEW YORK
NEW YORK

NÄCHSTE STATION ... NEW YORK

NEW YORK NEW YORK
DER NEBEL - DER SMOG
WIR KOMMEN NACH NEW YORK
VERBRECHEN UND DRECK - WIR KOMMEN NACH
NEW YORK
MORDEN BEIZEITEN
KANN FREUDE BEREITEN
WIR KOMMEN
INS ALTE
NEW YORK
Zwar nicht derselbe Empfang wie in Hollywood, aber es ist schön, daheim zu sein.

TAXI! TAXI!
SKRIIIIII

Brooklyn Brücke, aber Tempo!
Sind Sie von Auswärts?
Ja ...
Statt zur Brooklyn Brük-
ke zu fahren, wollen
Sie sie kaufen?
... aber ich wohnte hier!
Entschuldigung ... ich
wollte Sie nicht ärgern!
Wie ist's mit dem
Holland Tunnel?

Da ist er, Fahrer! Haaalt!!
QUIEETSCH

Snyder!!! Ich bin's!! Larry Lore!! Komm 'runter, Snyder! Ich habe ausgetrunken!!!
WHUSCH

Snyder, ich weiß, ich habe unser heiliges Gelöbnis gebrochen, aber ich bin **zurück!** ... Wir arbeiten wieder **zusammen!** ... Wir ziehen die **alte Nummer wieder ab!** ...

Wenn's so ist, Snyder, geh' ich und mach'die alte Nummer allein ...

ICH HATT EINEN KAMERADEN
TIPPIDY TAPPIDY
TIPPIDY TAPPIDY

SEHT! ER KOMMT RUNTER!!
ER LÄCHELT WIEDER!!
ER SCHWENKT DIE AME-
RIKANISCHE FLAGGE!!

EINEN BESSERN FINDST DU NICHT
RAT-A-TAT-TAT!
HURRAH!
HURRAH!

DIE TROMMEL SCHLUG ZUM STREITE

Mal ehrlich ... ist das nicht die größte kleine Spinne, die du je gesehen hast?

Welche kleine Spinne?
SPLATSCH

Oh, nein!! Das kann nicht sein!! Zerquetscht!!! Diese fantastischen Talente zermatscht!!! Gibt es denn Schlimmeres?!?

Ja! Das könnte **ich** gewesen sein!!

An einem FRÜHLINGS-TAG

ARMBAND UHREN DM 30,-
TICK-TACK
TICK-TACK

TICK-TACK
TICK-TACK

SCHÜTTEL
SCHÜTTEL
SCHÜTTEL
TICK-TACK
TICK-TACK
PLINNNK

STAUBGE-
SCHÜTZTE
UHREN
DM 50,-
TICK-TACK
TICK-TACK

TICK-TACK
TICK-TACK

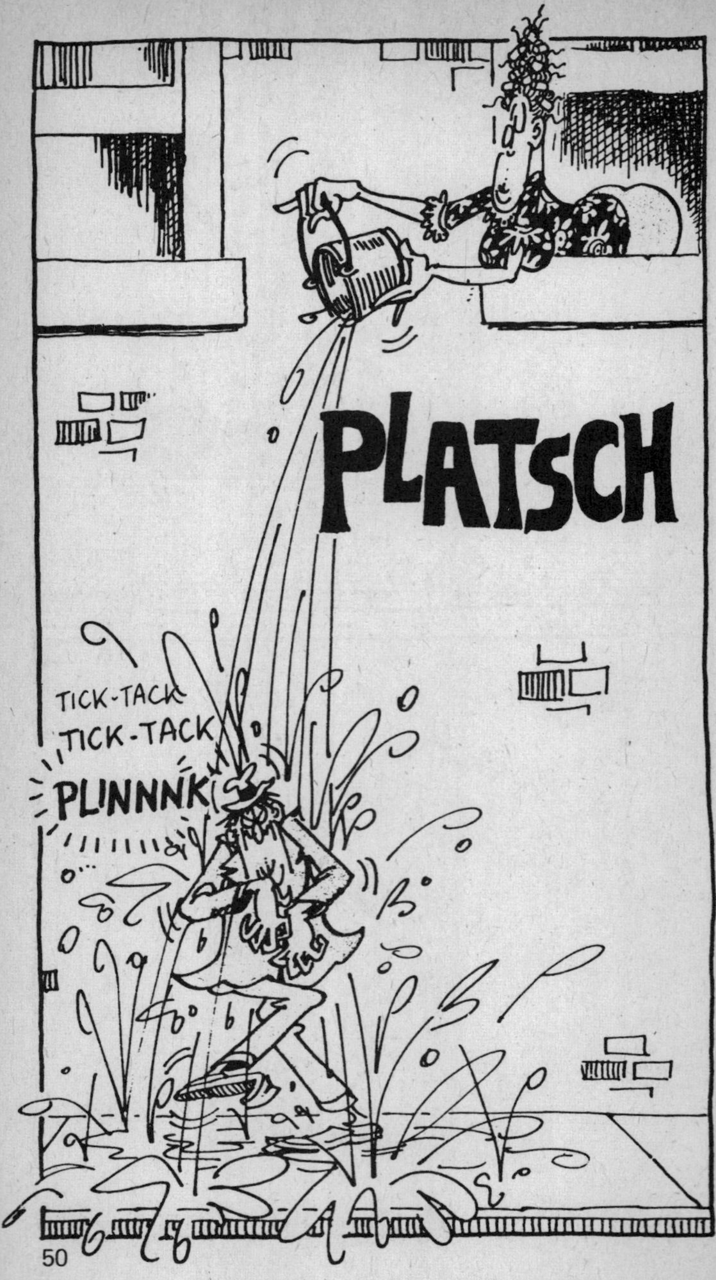
PLATSCH
TICK-TACK
TICK-TACK
PLINNNK

STAUBGE-
SCHÜTZTE
wasser-
dichte Uhren
DM 150,-
TICK-TACK
TICK-TACK
TICK-TACK
TICK-TACK

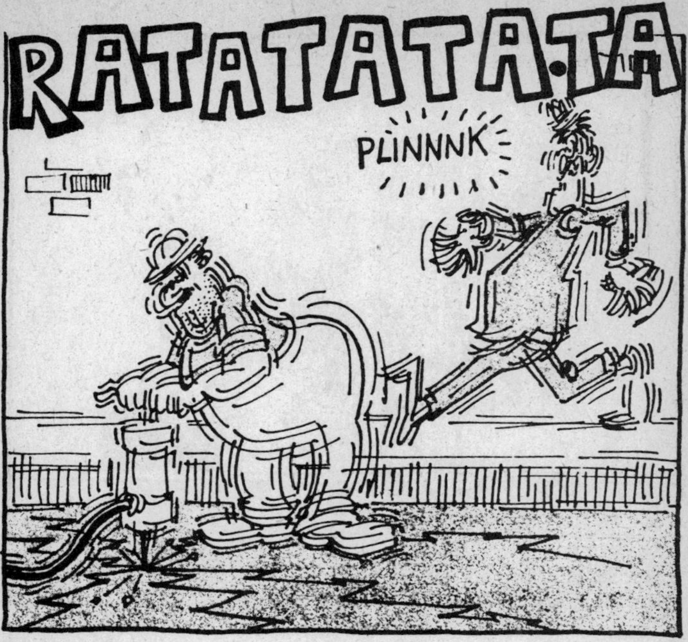
RATATATATA
PLINNNK

?

STAUBGESCHÜTZTE
WASSERDICHTE
STOSSICHERE
UHREN
DM 250,-
TICK-TACK
TICK-TACK

TICK-TACK
TICK-TAC

ZOUING
OTTOS
AUTOFRIEDHOF
TICK-TACK
PLINNNK

STAUBGESCHÜTZTE
WASSERDICHTE
STOSSICHERE
ANTIMAGNETISCHE
UHREN
DM 350,-
TICK-TACK
TICK-TACK

TICK-TACK
TICK-TACK

SCHÜTTEL
SCHÜTTEL
PLATSCH
RATATATATAT!
ZOIIING

Sie ... sie ... geht noch!!!!
Meine Uhr geht noch!!!
TICK-TACK
TICK-TACK
MMMMMMMMH
SCHMATZ
SCHMATZ

SPRING
PLANG
ZUNG
PLINK
BOING

RAUCH ÜBER DER PRÄRIE

TEIL I

Der wilde Westen, wo Männer noch Männer waren, Frauen noch Frauen, ja, Kinder noch Kinder waren und brutale Filme, wie diese, als unerhört galten . . .

Wissen Sie, ... seit zwei Stunden bin ich hier. In dieser Zeit habe ich **drei Revolverkämpfe** und **zwei Schlägereien** gesehen.
KARATSCH
BUMM
BUMMMM
BUMMMM

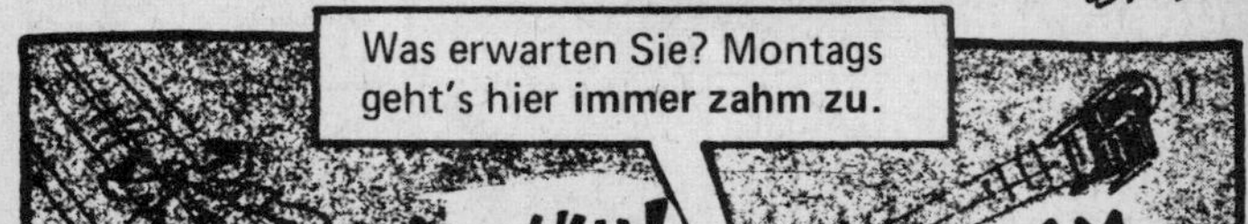
Was erwarten Sie? Montags geht's hier **immer zahm zu.**
HUI!
BLAM
BLAM
BLAM
KLIRRR

Was kosten die zwei Bier?
586 Dollar!
Ein bißchen **happig**, oder?
BLAM
BLAM
BLAM
BLAM

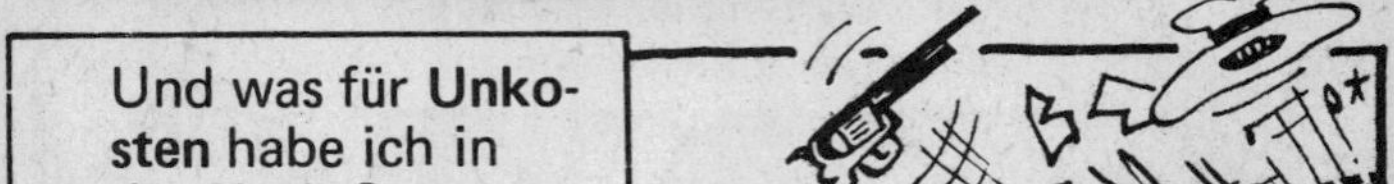
Und was für **Unkosten** habe ich in der Nacht?
KSSSH

Übrigens, kennen Sie einen Mann namens **Dirty Dan**?
Vielleicht, ... vielleicht auch nicht.
Lebt er hier?
Vielleicht, ... vielleicht auch nicht.
Na, gut, wenn Sie ihn sehen, sagen sie ihm, ein Fremder wartet auf ihn.
Vielleicht, ... vielleicht auch nicht.
Können wir nochmal so 'nen Spaß machen?
Vielleicht ... viell ...

Du suchst Dirty Dan, Fremder?
Vielleicht, ... vielleicht auch nicht.
Du warst zu lange mit dem Barkeeper zusammen!

So, du bist Dirty Dan. Seit 10 Jahren suche ich dich! Durch 13 Staaten bin ich geritten, über brennende Wüsten, zerklüftetes Gebirge, habe reißende Flüsse durchschwommen, nur um dir die Botschaft zu bringen.
Das muß ja 'ne tolle Botschaft sein ... Laß hören! ...

War es ... die Indianer haben dein Haus niedergebrannt? ... Heb deinen Hut auf? ... Auf deiner Farm wurde Öl gefunden? ... Deine Frau ist durchgebrannt?

Nancy Nett, Stewardess
Hallo! Ich bin **Nancy Nett,** Ihre **Stewardess.** Ehe wir zu starten **versuchen,** erkläre ich Ihnen einige Dinge. Zunächst erläutere ich, was passiert, wenn die Kabine, egal aus welchen Gründen, Unterdruck bekommt.

Sie spüren ein seltsames Vibrieren
in den Augen ...

... die plötzlich aus den
Höhlen quellen!!!
GLOINK

Ihre **Gurgel** fühlt sich an wie ein **Reib-eisen**, und die **Lunge** beginnt zu **bersten!** Dann **hämmert Ihr Herz!!!** ...
HAK-ÄCHZ-
CHRRK-RRRETCH

In diesem Moment flutscht automatisch eine Sauerstoffmaske aus dem Element über ihrem Sitz ... so Gott will ...
PLUNK

Sie greifen hoch ... ziehen die Maske 'runter und stülpen sie über Mund und Nase ...

Dann **ATMEN SIE MIT ALLER KRAFT EIN!!!** Holen Sie Sauerstoff in's Hirn, ehe es **zu spät ist.** Schon wird Ihnen **schwarz vor Augen,** während Sie **literweise Luft trinken!!!**
IFFFFFF

Und sie schaffen es ... Vielleicht!! Lassen Sie die Maske zurückflutschen und ruhen Sie sich aus.

Nun etwas über Rettungswesten. Rettungswesten finden Sie säuberlich gefaltet und hygienisch in Plastikbeuteln verpackt direkt unter ihren Sitzen.

Sollte das Flugzeug irrtümlich im Wasser landen ... greifen Sie einfach unter Ihren Sitz ...

... UND GRAPSCHEN NACH DER BLÖDEN WESTE!!! REISSEN SIE DEN SITZ RAUS! Tun Sie ALLES, um sie aus dieser winzigen Dose zu zerren, in die sie 'reingequetscht ist. Einige Leute schaffen es nie rechtzeitig ... also ZERREN Sie!!!
UFFF!
ÄCHZ!
ZERRR

Sie reißen den Beutel auf und entwirren die Weste!!! TEMPO!!! TEMPO!!! Stekken Sie hier den Kopf 'rein ... da den einen Arm ... dort den anderen ... schakkeln Sie den Flutsch über den Krampel ... wischeln den Jeckel in den Latsch ... hier 'reinpusten ... und dort ziehen ...

... und Sie machen's beim ersten Mal lieber richtig, denn die Maschine sinkt wie ein Stein, wenn sie nur Wasser berührt!!!

Soviel zu den Notwasserungs-Maßnahmen! Und damit ist meine Demonstration beendet. Sie sehen, alles Menschenmögliche ist für Ihre Sicherheit getan.

Noch etwas ... die Notausgänge auf beiden Seiten der Maschine befinden sich über den Tragflächen ...

Da diese aber **meist** beim Aufprall **abbrechen,** würde ich **dem keine Bedeutung beimessen.** Es geht los! ... Schnallen Sie bitte die Gurte um und stellen Sie das Rauchen ein.

Und **denken Sie daran!** Wenn Sie etwas benötigen, können Sie **mich** jederzeit rufen ...
HUSCH

... ich bin im **Flughafenrestaurant!!!**

RAUCH ÜBER DER PRÄRIE

TEIL II

Irgendwo jenseits der Straße und noch 500 Meilen weiter westlich, prescht eine Postkutsche über die Prärie . . .

YAAH!! YAAH!!
GIWAAH!! HAAH!!

Schau nicht zurück, Rex! Ich glaube, Indianer **beobachten** uns!
Wie kommst du darauf?
Ich habe einen **Siebten Sinn** für so was!

YIP-YIP
YAHOO
Yii-Yii
YIP-YIP
YAHOOO

Da kommen die Rothäute!
Gut! Die können uns beim Kampf gegen diese Indianer helfen!!!
YIP! YIP!
GIYAAH-YAAH!!

KRACH
BROCH
LÖS
LÖS

Sie werden uns einholen!
Wir fahren, so schnell wir können, Miss Amy!!
Können Sie nicht die Indianer bitten, langsamer zu reiten?!?

SCHNAPP!!

UUH!
AAAH!
AUAAH!
RRRUMMMS
PIIIEEEK
BUMMMS

Wie tinde ich das denn? Wir haben Schwierigkeiten und er verschwindet einfach mit den Pferden!!!
Na schön! ALLES AUSSTEIGEN!!

Was tun wir jetzt?
Aber wir haben nur **einen** Wagen!
Wir fahren die Wagen zur Wagenburg zusammen!
Es wird eben eine **kleine Wagenburg!!**
Da! Die Indianer **halten. Sie greifen** uns nicht mehr an!!!
Sie **brauchen** uns nicht anzugreifen! Wir haben nämlich **kein Wasser mehr!**
Aber was können wir **tun?**

Das Wasser wird rationiert!!! Soda, Bier, Wein, Kaffee, Tee und Milch aus der Kutsche müssen für uns reichen!
Ich komme aus gutem Haus! Mit solchen Strapazen habe ich nicht gerechnet ...
Aber, aber, Miss Amy ...

EINE WOCHE SPÄTER
Wir stehen jetzt sieben Tage bewegungslos hier! Die Langeweile macht mich verrückt! Nichts zu lesen ... nirgendwo kann man hingehen ... gar nichts! Nicht mal was zu tun! Und Sie stehen gleichgültig da 'rum! Wie können Sie so was tun?!?
Ich werde es Ihnen mal erklären, wenn wir mehr Zeit haben.
Das Warten nützt nichts! Ich gehe 'raus und rede mit den Indianern!
Sind Sie wahnsinnig?
Versuchen Sie nicht, mich zu halten Miss Amy, ich weiß, was ich tue!

Hört, Indianer! Ich bin euer Freund! Unter der Haut sind wir alle gleich! Einfache, friedliebende Leute! Ist ein wenig Frieden, Ruhe, ein bißchen Glück zu erbitten, zuviel verlangt?!? Daß alle Menschen ... ihr und ich und unsere Kinder und Mütter ... in Eintracht leben?!?

THUK

Ich wollte es nicht, aber dieses Gerede macht mich **verrückt**!!

Hören Sie, Miss Amy ... in meiner Jackentasche ... eine Adresse ... keuch-keuch ... sagen Sie der Frau, die ich liebe, —— huststöhn, ich bin tot ... ächz keuch ... und sagen Sie auch meiner **Frau** ... da gaba pffh ...
Armer Teufel!
AUS!

Wir haben kein Cola und keine Kartoffel-Chips mehr, und nur noch wenig Bier. Wir können nicht **länger bleiben!**
KNASPER KNASPER
Aber was können wir denn **tun?**

Nur **EINES** bleibt zu tun! Zu **IHM** dort droben sprechen! Bittet **IHN,** uns zu helfen! Bittet **IHN** um Wasser. Ich glaube an die Macht des Gebets, und ich glaube an Wunder. Ich, ich glaube an **IHN!** Ich spreche **viel** zu **IHM!** Ich spreche jeden Tag zu **IHM! Stundenlang** habe ich jeden **Tag meines Lebens** zu **IHM** gesprochen! Ich, ich glaube, **ER hört!!!** Ich weiß, **ER HÖRT!!! Du hörst mich doch,** oder?!!!?

KAR-RACHH...
ZACK

Ich denke, Er hat gehört ...

SCHÖNHEIT AUS DER
DOSE
RING RING RING
RING
RING RING RING
RING RING

Ouuh! Heute morgen fühle ich mich **nicht** besonders wohl! Etwas **frische Luft** wird mir gut tun ...
KRATZ KRATZ
GÄHN GÄHN
SUMM SUMM
SCHAB SCHAB

IMMMFFFFFFF

HAHHHHHHH

Nun beginnt ein neuer freudevoller und
seeliger Tag auf dieser himmlischen Erde!

SEIDENHAUCH FETT SCHMIERMITTEL
GOOKY DOO HAUT ERWEICHER
HALITOSIS MUND-WASSE
EINMAL AUS DEM TRAUMLAND ERWACHT
BIN ICH WIE AUS PFIRSICH GEMACHT
ICH MACHE MÄNNER WILD
DENN ICH BIN WEICH UND MILD
Lieb MICH KÖRPER BALSAM
COVER GIRL DEODORANT SEIFE
MEIN GLÜCK LEBER-FLECK-POLITUR

DIP-DIP-DIP-DIP

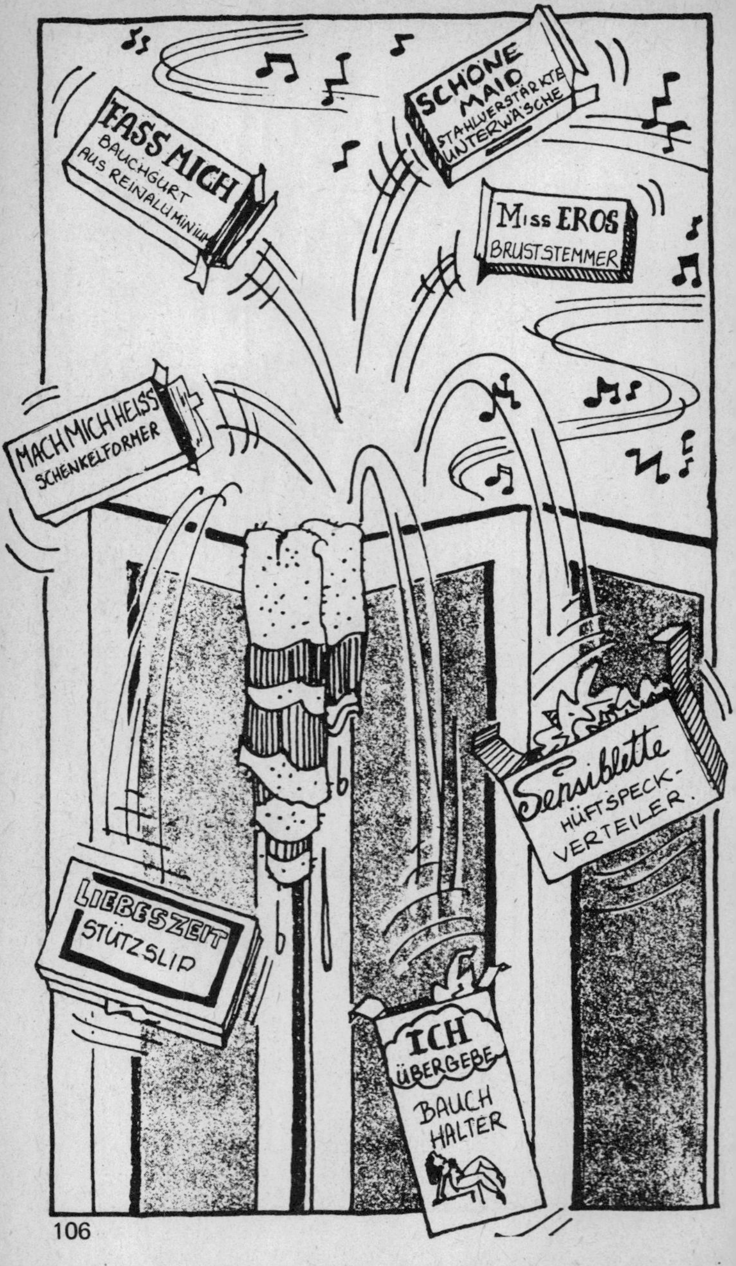
FASS MICH
BAUCHGURT
AUS REINALUMINIUM
SCHÖNE MAID
STAHLVERSTÄRKTE UNTERWÄSCHE
Miss EROS
BRUSTSTEMMER
MACH MICH HEISS
SCHENKELFORMER
Sensiblette
HÜFTSPECK-
VERTEILER.
LIEBESZEIT
STÜTZSLIP
ICH
übergebe
BAUCH
HALTER

DINK·DINK·DINK·DINK

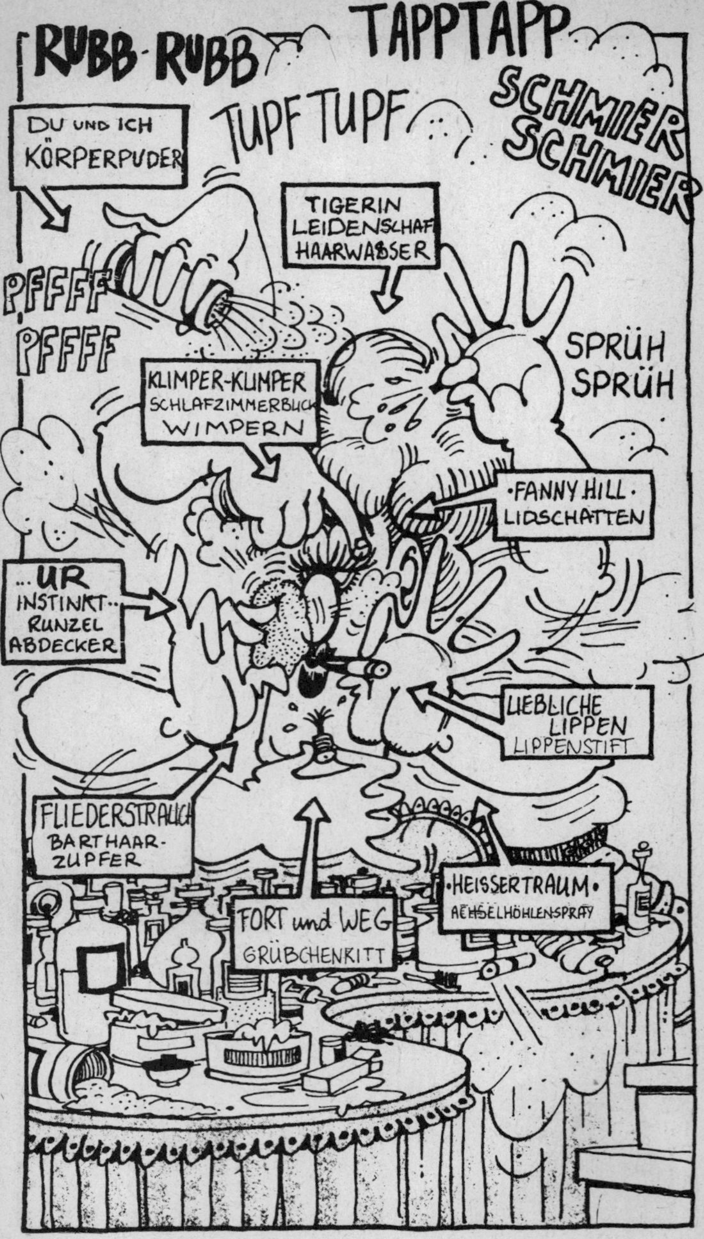
RUBB-RUBB
TAPPTAPP
TUPF TUPF
SCHMIER SCHMIER
DU UND ICH KÖRPERPUDER
TIGERIN LEIDENSCHAF HAARWASSER
PFFFF PFFFF
SPRÜH SPRÜH
KLIMPER-KLIMPER SCHLAFZIMMERBLICK WIMPERN
FANNY HILL LIDSCHATTEN
...UR INSTINKT... RUNZEL ABDECKER
LIEBLICHE LIPPEN LIPPENSTIFT
FLIEDERSTRAUCH BARTHAAR-ZUPFER
HEISSERTRAUM ACHSELHÖHLENSPRAY
FORT und WEG GRÜBCHENKITT

HÖHEPUNKT
DIE PREISGEKRÖNTE PERÜCKE
SO NATÜRLICH, DASS SIE SIE NICHT VON IHREM EIGENEN unter- SCHEIDEN KÖNNEN
Donnerwetter, es **stimmt! Ich weiß nicht,** welches mein Eigenes ist!

MISS ZÄRTLICH
KRAMPF-ADERN-HÜLLE
ERREGE MICH
FLEISCHFARBENE HÜHNERAUGEN PFLASTER
INNIG GELIEBT
BUSEN LINIENPRESSER
WANGEN SCHICK
GERIFFELTER GESÄSS-HALTER
GRÜNES LICHT
SCHÖNHEITS-PFLASTER
(aus echten Warzen gefertigt)

TA-DAAH
GOLDENE HANDSCHUHE MARKE UNVERWÜSTLICH
AUGEN MAKE-UP by VIERZIG WIMPERN
FRISUR Fa. SELMA SCHUPPEN
NASENAUSSCHLAG Fa. HAKEN & NASE
OHRRINGE VON SEG. EL. OHR
KETTE VON FUNKEL & Co.
MINI KLEID VON ZIEHE& ENTHÜLLE
DIAMANTRING aus TIFFANY'S Juwelenstübchen
STRÜMPFE VON LAUF & MASCHE COMP.
ZWIEBELRING AUS TIFFANY'S DELICATESS-SHOP
SCHUHE VON TRIP& PEL

TIP-TIP-TIP

OUWOUWOUJE
SCHUNK!

Typisch! Angesichts meiner natürlichen Schönheit werden die Männer verrückt!
AUA
OWHOWEHOWEH
OOOOOOHHHH
WEEEEH
AUA AUA AUA
TIPPIDY-TIP
TIPPIDY-TIP

RAUCH ÜBER DER PRÄRIE

TEIL III

Inzwischen redet der Gauner Glade mal wieder auf den alten Pops Foster auf der Foster-Ranch ein ...

Aber ohne Wasser kann ich weder Getreide anbauen noch Vieh züchten und Schnaps brennen! Sie wollen **mich ruinieren!**

Keineswegs! Mein Angebot gilt noch immer! Pro Morgen 10 Cent, plus 2 Dollar für das Haus und 50 Cent für den Stall.
Sie **Halsabschneider!**
Was? Du kannst von Glück sagen, daß ich heute meinen **sozialen Tag** habe.

Niemals werde ich verkaufen!!!
So?! Wenn du von mir kein Wasser bekommst, woher kriegst du's denn?
Ich werde es bestellen!
Vater! Vater! Nicht aufregen!
Du weißt, was Doc Jones über deinen Zustand sagte, als du diese fürchterliche Herzattacke hattest!
Laß mich damit in Ruhe! Das ist lange her!
Sicher ... aber gestern nachmittag ist nicht zu lange her!

Schau, die kleinste Sache kann wieder dazu führen! Nur eine winzige, kleine Sache ... nur ein Wort ... vielleicht ...
... ein winziges, dummes kleines Wort, wie ...
BUH!
AAH!

Ich will ja nicht sagen
„Siehst du", aber ...

EIN STINKNORMALER TAG

Mach's gut, Bello,
ich gehe zur Arbeit.

Ich weiß, du willst es nicht, alter Junge, aber mir bleibt keine andere Wahl!

Nimm's nicht so schwer, Freund - es sind doch nur ein paar Stunden. Genau wie an jedem anderen Tag!

KLICK
Puh! Der arme kleine Kerl ... ich hoffe, daß er sich heute nicht **zu sehr** langweilt.

KLICK
KLACK
KLICKER
ZACK

ZIZ ZIZ ZIZ ZIZ ZIZ

BIND
KNÜPF

ZACK
GRAPSCH
FASS
GREIF
PACK
WUSCH

KLICK
QUIIEEETSCH

Willkommen zum Hundetagesprogramm. Heute zeigen wir in der Serie „Hund und Heim" einen besonderen Film: **„Die Katze auf dem heißen Blechdach!"**
PSSP!

Wir beschließen unser Programm mit den Filmen „Heiße-Würstchen-Waldi" und „Junghund-Stammbaum".
ZZZZZZ

„BÄUME"
AUS DER
3 HUNDE
NACHT
MOND
HUND

Heute bin ich etwas früher dran!
Mensch, wird Bello sich freuen.

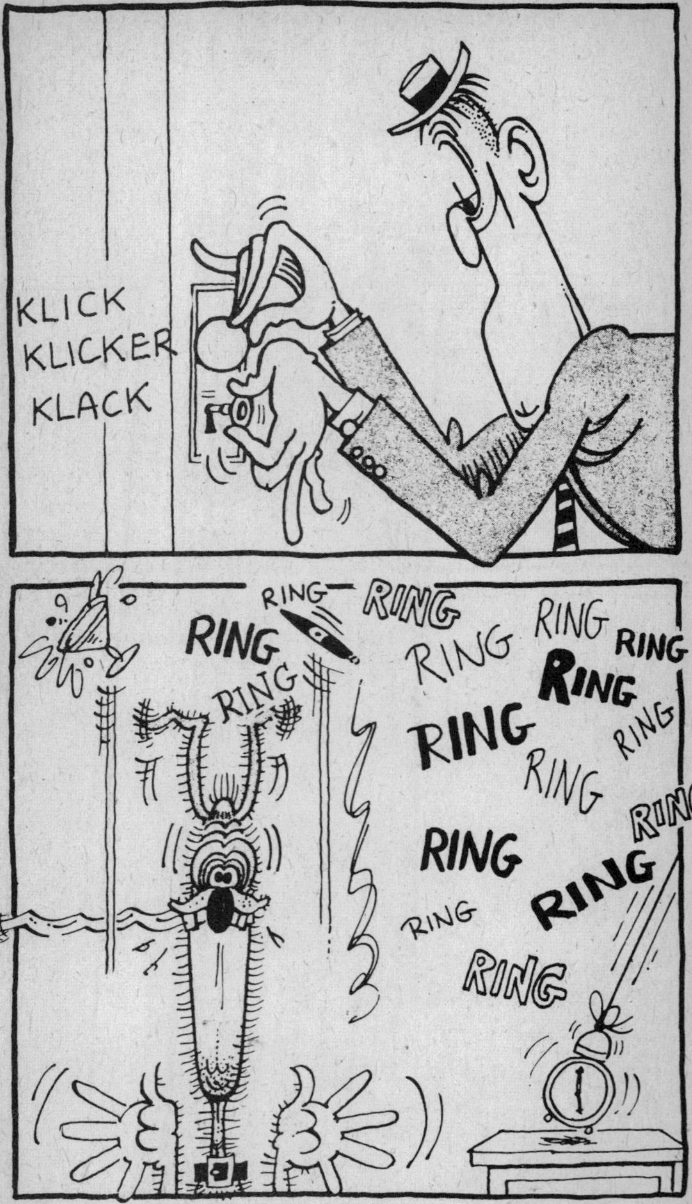
KLICK
KLICKER
KLACK
RING
RING
RING
RING
RING
RING
RING
RING
RING
RING
RING
RING
RING
RING
RING
RING

HOLTER DIE
POLTER ZUCK
KLICK KLACK ZICK
ZACK
QUIIIEEETSCH

Guter Bello! Hast du den lieben langen Tag an der Tür auf mich gewartet?

Gott sei Dank ist heute **Freitag.** Also bin ich **morgen** zu Hause und auch **Sonntag** ...
Wir können **Ball** spielen und du darfst **Zigaretten** holen ...

... oder Männchen machen und **betteln** und herumtollen und **dich totstellen** und auf dem Gummi**knochen** kauen ...

Das aber nur, wenn ich am Wochenende **nicht arbeiten** muß! Mein Chef hat viel zu tun und vielleicht muß ich ins Geschäft, um ihm zu helfen. Er wird mich anrufen und mir Bescheid sagen!

Mach doch ein Nickerchen, während ich auf den Anruf warte!
WAU!
WHUSCH
RING

Hallo, Boß! Was macht die **Arbeit**?
ARFFF!
Das habe ich befürchtet. Gut! Ich werde Samstag und Sonntag arbeiten. Tschüss ...

Verdammt! Das wird 'ne **Riesenenttäuschung für Bello** werden!

Neben den vorgeblich berühmtesten Verfechtern der Gerechtigkeit, wie Superman, Rip Kirby, dem Kommissar und J. Edgar Hoover ... stellen wir den neuesten und furchtlosesten Helden vor

LANCE PARKERTIP

Eingetragener Notar

In einem kleinen, aber nichtsdestoweniger geschäftigen Büro, nur wenige Türen und einen Sprung von einer bedeutenden Tageszeitung entfernt ...
POCH POCH
STAPELN
FALTEN FÜR FORTGE-
STEMPELN
ELEGANZ
BLEISTIFT ANSPITZEN
Guten Tag! Sie sind **Lance Parkertip, eingetragener Notar?**
Ja. Sind Sie angemeldet?
Nein!
Ich empfange **nieman-den** ohne Anmeldung.
Wann darf ich kommen?

Ehem – mmmh – Sie haben Glück. Jetzt!
PUST
TERMIN KALENDER

Ich bin Mrs. Barbara Bland und möchte Sie bitten, diese Sterbeurkunde zu beglaubigen.
Eine Sterbeurkunde beglaubigen?!!? Einfach so?!!? Gute Frau, ich benötige einen Todesnachweis! Zeigen Sie mir eine tote Person, und ich beglaubige dieses Dokument!!!
WUSCH

Gut. Harry ...
komm 'rein.
BROCH

Was brauchen sie noch?
Alters-schwäche.
Die Todesursache.
Sehr gut. Andere Notare sind nicht so genau wie ich, aber eben das hat mir meinen guten Ruf in der Branche geschaffen.
KLIKRUNK

Recht schönen Dank, Mr. Parker-tip! Was macht das?
Ich bin teuer ... dieses Siegel würde Sie anderswo zwischen **50 Cent und 1 Dollar** kosten. Ich aber sende Ihnen zum Monatsende eine Rechnung zu ... vielleicht auch etwas später. Ich erstelle jetzt nämlich **Computer-Rechnungen.**
HIER DREHEN

Nochmals Dank! Komm, Harry, sonst kommst du zur eigenen Beerdigung zu spät.
Hmm. Irgendwas an der Frau ist faul. Und dieser arme Mann ... so jung und starb an Altersschwäche. Sollte da was gedreht worden sein? Etwas in mir sagt ständig „Nachforschen ... nachforschen ... nachforschen" ...
SCHLURF
SCHLURF
SCHLURF

Verflixt! Dieses dämliche Diktaphon spielt wieder verrückt!
NACHFORSCHEN
NACHFORSCHEN
NACHFORSCHEN

Ich bin in einer wichtigen Sache unterwegs, Miss Smith! Notieren Sie jeden Anruf!
Sie haben einen tollen Job, Miss Smith! Behalten Sie ihn!
Seit sechs Monaten hat niemand angerufen!

Da gibt's **nur eins!** Sich ins Auto setzen und **zur Polizei gehen! Gerechtigkeit** muß **sein!**

Hmm ... scheinbar habe ich wieder mal ein paar **Parkscheine** gesammelt! Wie gesagt ... es gibt **nur eins ... NICHT** zur Polizei gehen! Gerechtigkeit muß sein, **und ich??!**
TAXI! TAXI!

Danke, gute Frau, für die Taxireservierung, im Namen der **Gerechtigkeit!**
REMPEL
QUIEEETSCH

Fahrer, ich bin Lance Parkertip, eingetragener Notar. Meine Karte.
Das ist eine **Reinigungsquittung!**
Ich weiß! Meinen Namen und Adresse habe ich auf die **Rückseite** geschrieben! Hören Sie! Haben Sie eine **Frau** und einen **toten Mann** vor ein paar Minuten hier aufgegabelt?
Nein, aber ich habe eine **tote Frau** und einen **Mann** vor ein paar Minuten hier aufgegabelt.
Das ist keine Hilfe! **Moment!** Wohin **fuhren** sie?
Zum „Auf Wiedersehen"-Friedhof.
Das könnte das Dunkel lichten, aber vielleicht findet eine **Doppelbeerdigung** statt! Fahren Sie mich zum „Auf Wiedersehen"-Friedhof, aber **Tempo!!!**
WASCH-REINIGUNG
KNOCHENWEISS STR.
„JEDEN DRECK KRIEGEN WIR WEG"

AUFWIEDERSEHEN
LEICHENSCHAUHAUS
DEINE ZEIT KOMMT AUCH!
Halt, Fahrer, und lassen Sie den Motor laufen!
Ja, Sir.
QUUIIIETSCH
BRUMMM

Wenn Sie beerdigt werden wollen, wir bedienen sofort!
Mich beerdigen? Ich fühle mich nirgends tot!
Warum wartet jeder bis zur letzten Minute! Immer geht's husch, husch ...
In welchem Raum finde ich den verschiedenen Harry Bland?
Er ist im „Nächtlichste Nacht Raum" vornean. Tragen Sie sich bitte ins Gästebuch ein!

Ich zahle am Monatsende.
KLIKRUNK

Was machen Sie denn hier?
Ich kam, um die letzte Ehre zu erweisen.
Das brauchten Sie nicht. Ich hätte am Monatsende gezahlt!

Mein Gott, er sieht aus wie ein Schlafender ...
Tatsächlich, er hört sich wie ein Schlafender an ...
Das ist, weil er wirklich schläft. Harry, aufstehen!
ZZZZZZ
Schon Frühstückszeit, Liebling?
Aha!!! Er lebt!!! Jetzt kann ich's genau sehen!!! Die alte Masche „Spiel-tot-kassier-die-Versicherungsprämie-und-verdufte", eh?!? Na, damit kommt ihr nicht weit!!!
KRATZ KRATZ KRATZ

Geben Sie mir **die Sterbeurkunde** zurück! Ich werde sie **ENTglaubigen.** Als ich den Notarseid ablegte, versprach ich, **ehrlich zu siegeln** und **dem Gesetz zu folgen!!!**
KLIK KLIK

Nun, junger Freund, **folgst du mir!** Laß **das Siegel fallen und steig in den Sarg!!!!**
FLUPP

Hast du die Dampfertickets und die Versicherungsprämie ?
Ich habe alles.
Haben Sie nicht zufällig **noch** ein Dampferticket?

Ein einfaches „Nein" hätte genügt!
BROCH

BRRRRUMMM
Schnell, Fahrer!!! Zum Dampferkai! Tempo, Freund!

Oh, Mildred, sieh – sie bereiten ein Seebegräbnis vor.
QUIIEEETSCH

Halt, mein Herr!

Ohne eine Fahrkarte können Sie nicht an Bord!
Dieses Siegel ist mein Paß für alles und nichts.
KLIKRUNK
FAHRKARTE

Stimmt es, Kaptain, daß Sie in Sekunden den Namen jedermanns hier an Bord dieses Schiffes wissen?
Ja, Lance Parkertip, das stimmt.
Sagen Sie mir, in welcher Kabine ich Harry und Barbara Bland finde!
Sie sind in Kabine C-28! Genau hier!
Danke, Kaptain.
KLIKRUNK

C-28

Keine Bewegung!!!
KAWWUMM

So, die Sache wäre vorbei! Das wird Ihr letzter Drink in Freiheit sein! Sie werden im Gefängnis verschwinden! Nur eine Frage, mein Lieber – wie haben Sie's geschafft, daß alles so lebensecht aussah?

Es war nicht leicht.